中国核学会编写

国核学会科学家画册·理事长系列

王淦昌

中国原子能出版社

图书在版编目(CIP)数据

王淦昌/中国核学会编．—北京：中国原子能出版社，2021.1

（中国核学会科学家画册．理事长系列）

ISBN 978-7-5022-9915-6

Ⅰ．①王… Ⅱ．①中… Ⅲ．①王淦昌（1907—1998）—传记—画册 Ⅳ．①K826.11-64

中国版本图书馆CIP数据核字(2019)第154866号

中国核学会科学家画册理事长系列 · 王淦昌

出版发行 中国原子能出版社（北京市海淀区阜成路43号 100048）
策划编辑 王 朋 付 真 付 凯
责任编辑 杨晓宇
书籍设计 赵 杰 崔 彤
封面设计 马世玉 赵 杰
责任校对 宋 巍
责任印制 潘玉玲
印　　刷 北京卓诚恒信彩色印刷有限公司
经　　销 全国新华书店
开　　本 889 mm×1194 mm 1/12
印　　张 11.5
字　　数 215千字
版　　次 2021年1月第1版 2021年1月第1次印刷
书　　号 ISBN 978-7-5022-9915-6 **定 价** 120.00 元

网　　址：http://www.aep.com.cn E-mail:atomep123@126.com
发行电话：010-68452845

《中国核学会科学家画册·理事长系列》

编委会名单

总　序

核科学技术作为国家战略性高科技，在保持国家核战略威慑力量、促进能源结构调整、带动高端装备制造业升级、提高综合国力等方面，具有极其重要的战略地位和作用，党和国家始终高度重视。中国老一辈的核科技工作者们以报效祖国的热情和坚韧卓绝的意志，开创了“两弹一艇”的宏伟事业，为中华民族屹立于世界之林奠定了基础。一代代核科技工作者，用忠诚、信仰、学识、青春甚至生命，铸就了爱国、创新、求实、奉献、协同、育人的中国科学家精神。不管时代如何变化，这种精神始终能够薪火相传并愈加焕发出勃勃生机，召唤激励着更多科技工作者披荆斩棘、砥砺前行。

1980 年，为配合改革开放和对外交流的需要，促进中国核科学技术的发展，中国核学会应运而生，第一届理事会中共有 8 名“两弹一星”功勋奖章获得者，为中国核学会的发展奠定了一流的学术基础和优良的工作传统。近 40 年来，在历任理事长王淦昌、姜圣阶、汪德熙、钱皋韵、王乃彦、李冠兴院士等老一辈科学家的倡导和培育下，中国核学会发展成为一个拥有近万名个人会员、189 家会员单位、8 个工作委员会及 43 个专业分会，联系 23 个省核学会的全国性科技社团，参与组建了中国科协创新融合学会联合体及清洁能源学会联合体，在推动我国核科技产业发展方面发挥了积极作用。

今天，在全球倡导绿色能源和低碳经济的时代背景下，我国的核事业迎来了新的发展机遇。中国核学会立足国家大力发展核科技事业的良好契机，按照第九届理事会确定的“积极向‘国际一流学会’迈进”的目标，坚持为科技工作者服务、为创新驱动发展服务、为提高全民科学素质服务、为党和政府科学决策服务，把广大核科技工作者的积极性、主动性和创造性凝聚到建设创新型国家的伟大事业中来。

我们编写《中国核学会科学家画册》系列丛书，旨在纪念为中国核学会发展付出心血的核科技工作者，记录近40年来中国核科学事业不断探索前进的脚步，推动科学家精神更为广泛地传播，鼓舞和鞭策青年一代更好地承担历史使命。同时，我们也希望此丛书能向社会展示中国核学会和广大核科技工作者们为国家和社会发展做出的贡献，从而使更多的人理解和支持学会的工作，吸引和团结更多的人加入核科技工作者的队伍，共同谱写科技事业新的华彩乐章，汇聚起建设世界科技强国的磅礴力量！

全国政协常委

中国核学会党委书记、理事长

2019年7月7日

前　言

王淦昌先生是一位德高望重、成就卓越的核物理学家，是我国实验原子核物理、宇宙射线及基本粒子物理研究的主要奠基人和开拓者，中国科学院院士，“两弹一星”功勋奖章获得者，在国际上享有很高的声誉。在70年科研生涯中，他始终活跃在科学前沿，辛勤耕耘，孜孜以求，奋力攀登，取得了多项令世界瞩目的科学成就。1941年，他独具卓见地提出了验证中微子存在的实验方案并为实验所证实；1953年到1956年，他领导建立了云南落雪山宇宙线实验站，使我国宇宙线研究进入当时国际先进行列；1959年，在苏联杜布纳联合原子核研究所领导一个研究小组，在世界上首次发现反西格马负超子，把人类对物质微观世界的认识向前推进了一大步；1961年开始，他参与了我国原子弹、氢弹的研制和发展，是我国核武器研制的主要奠基人之一；1964年，他和苏联巴索夫院士同时独立地提出了用激光打靶实现核聚变的设想，是世界激光惯性约束核聚变理论和研究的创始人之一，也使我国在这一领域的预研工作走在当时世界各国的前列；1979年他倡议筹建核学会，并于1980年当选为中国核学会第一届理事长，为推动我国核科学技术和核工业的发展做出了积极贡献；1984年，他又领导开辟了氟化氪准分子激光惯性约束聚变研究的新领域；1986年，他与王大珩、陈芳允、杨嘉墀一起提出了对我国发展高技术有重要意义的建议，并由国务院制定了“863”计划，为我国国防现代化和发展高技术做出了重要的贡献。

本书由杨晓宇、陈晓鹏执笔。

目录

第一章

自幼好学 报国志坚

自幼好学 报国志坚

1907 年 5 月 28 日，王淦昌出生于江苏省常熟县支塘镇枫塘湾，父亲王以仁是当地颇有名气的中医。

王淦昌 6 岁在私塾开始读《百家姓》《三字经》等启蒙读物。1915 年为了使王淦昌接受新式教育，母亲将他送到离家八九里外的沙溪镇小学读书，年幼的王淦昌暗下决心，要好好学习报答母亲。

1919 年，“五四”运动爆发，王淦昌在老师的带领下上街游行，立志像岳飞那样精忠报国。

1920 年，继 4 岁失去父亲之后，在王淦昌 13 岁这一年母亲也撒手人寰，这让王淦昌悲痛万分。

小学毕业后，王淦昌随表兄崔雁冰到上海浦东中学读书。在中学的四年中，王淦昌成绩优异，尤其在数学和英语的学习中打下了坚实的基础，使他终身受益。

1925 年，王淦昌参加了“五卅”运动，一下子成熟了许多，理解了中国为什么落后贫穷、屡受列强的欺侮。怀着科学报国、振兴中华的志向，是年夏，王淦昌考入了清华大学。

民国时期，王淦昌家庭主要成员从枫塘湾搬到支塘镇上居住。图为 2017 年重新修缮过的王淦昌支塘镇故居

王淦昌支塘镇故居内部

故居外的王淦昌塑像

自幼好学 报国志坚

1915 年，王淦昌到太仓县沙溪镇读书，图为现今沙溪镇

浦三路 648 号的浦东中学老校区校门，校名由王淦昌题写

第二章

结缘物理 学海扬帆

结缘物理 学海扬帆

1925年秋，王淦昌开始了在清华大学的学习生活。刚入校时他迷上了化学，但在叶企孙教授的影响下，王淦昌最终选择了物理系。

1929年6月，王淦昌成为了清华大学物理系第一届毕业生，应吴有训教授之邀留校任助教。

清华大学在王淦昌心目中是“清华天堂”，在这里他正式开始了核物理科学的研究生涯。叶企孙、吴有训这两位中国近代物理学先驱者的言传身教使他受益终身。

1930年，王淦昌考取官费留学生，到德国柏林大学威廉皇家化学研究所学习，师从迈特纳教授。

1931年，王淦昌听了用α粒子轰击铍核产生很强的贯穿辐射的实验报告后，曾两次向导师迈特纳建议用云室重复这一实验，以便弄清这种贯穿辐射的性质，可惜未获同意。1932年英国物理学家查德威克抱着同样的怀疑，经过不断探索后发现了中子，并获得了1935年度的诺贝尔物理学奖。对此，王淦昌说：“我并不后悔，当时我没有坚持自己的主张，尽全力去争取导师的支持和实验条件，我把这件事作为一个教训记在心头。”

1933年年底，王淦昌顺利通过博士论文答辩。尽管当时中国科研条件落后，还面临着日寇铁蹄的侵略，一心报国的王淦昌还是毅然决定回国。

近四年的留学生涯对王淦昌此后几十年的科研道路产生了决定性的影响，他学到了最新的物理学理论与实验技巧，并养成了认真、谦虚、求实的科学作风。他认为这段时光是自己的黄金时代。

1928 年，王淦昌（左）与同学在清华大学礼堂前旗杆下合影

1928 年，王淦昌在清华校园

结缘物理 学海扬帆

王淦昌（左）与清华大学同学合影

王淦昌清华大学毕业证书上的照片

结缘物理 学海扬帆

王淦昌在清华大学时的学生照

1930 年，王淦昌在赴德国留学的船上

1930 年时的王淦昌

结缘物理 学海扬帆

1932年，王淦昌于德国

王淦昌（右）与戏剧家欧阳予倩在德国柏林合影

结缘物理 学海扬帆

王淦昌（左二）与沈尚贤等在德国伍珀塔尔火车站的合影

王淦昌（右）在德国留学时与老师叶企孙（中）和曾炯之（左）的合影

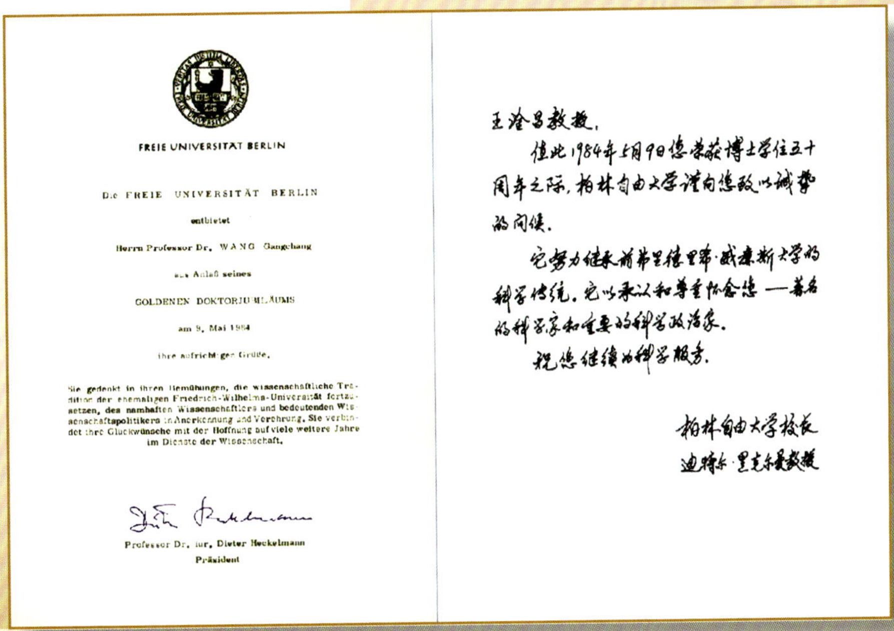

FREIE UNIVERSITÄT BERLIN

Die FREIE UNIVERSITÄT BERLIN

entbietet

Herrn Professor Dr. WANG Gangchang

aus Anlaß seines

GOLDENEN DOKTORJUBILÄUMS

am 9. Mai 1984

ihre aufrichtigen Grüße.

Sie gedenkt in ihren Bemühungen, die wissenschaftliche Tradition der ehemaligen Friedrich-Wilhelms-Universität fortzusetzen, des namhaften Wissenschaftlers und bedeutenden Wissenschaftspolitikers in Anerkennung und Verehrung. Sie verbindet ihre Glückwünsche mit der Hoffnung auf viele weitere Jahre im Dienste der Wissenschaft.

Professor Dr. iur. Dieter Heckelmann

Präsident

王淦昌教授：

值此1984年5月9日您荣获博士学位五十周年之际，柏林自由大学谨向您致以诚挚的问候。

它努力继承前弗里德里希·威廉斯大学的科学传统。它以承认和尊重怀念您——著名的科学家和重要的科学政治家。

祝您继续为科学服务。

柏林自由大学校长

迪特尔·黑克尔曼教授

1984年5月9日，柏林自由大学授予王淦昌荣誉证书，以纪念他在柏林大学获博士学位50周年

第三章

广育桃李 不忘科研

广育桃李 不忘科研

1934 年，经叶企孙教授推荐，王淦昌到山东大学物理系任教。王淦昌带领技术员、助教、高年级学生自己动手制造实验设备，使在筹备阶段的山东大学物理系很快走上了正轨。然而，山东大学校长迫害爱国进步学生令王淦昌颇感愤慨。

1936 年秋，王淦昌应浙江大学爱国教授竺可桢校长的聘请，到浙江大学物理系任教，一家人也于杭州团聚。王淦昌一边全身心投入教学和研究，一边积极参加抗日募捐活动。1937 年日军在金山卫登陆后，王淦昌随浙江大学一路西迁至贵州湄潭。

就是在这样条件艰苦的战争年代里，王淦昌仍未放弃科学研究。1941 年，他独具卓见地提出了验证中微子存在的实验方案并为实验所证实。这是他这一时期最重要的科研成果，也是王淦昌对国际物理学的一个突出贡献。后来，杨振宁在《王淦昌先生与中微子》一文中对王淦昌的贡献给予了充分肯定。另外，王淦昌还进行了太阳能利用、宇宙线观测等方面的研究。

无论在教学还是科研工作中，王淦昌都十分重视发现和培养人才。被称为“浙大四李”的李政道、李寿楠、李天庆、李文铸都是他的学生。中华人民共和国成立后，王淦昌在科研战线上培养了一大批优秀人才。中国科学院院士中有 14 位曾是他的学生，或受过他的指导。

在山东大学任教时的王淦昌

王淦昌（左三）与山东大学同事合影

广育桃李 不忘科研

1935 年，王淦昌（右）与好友任之恭在青岛留影

1934 年，王淦昌（前排右四）与山东大学物理系全体人员合影

广育桃李 不忘科研

1936 年，王淦昌
在钱塘江观潮处

1937 年，日军在金山卫登陆后，王淦昌随浙江大学一路西迁，图为西迁途中的师生

1939 年 2 月 5 日，日军军机以浙江大学为目标投下燃烧弹和爆裂弹。图为竺可桢校长拍摄的被日军轰炸后的宜山校舍

广育桃李 不忘科研

1941 年，王淦昌随浙江大学部分院系迁至贵州湄潭，图为在湄潭的浙江大学校门

1950 年，王淦昌（二排右二）离开浙江大学前夕，浙江大学物理系教师合影

广育桃李 不忘科研

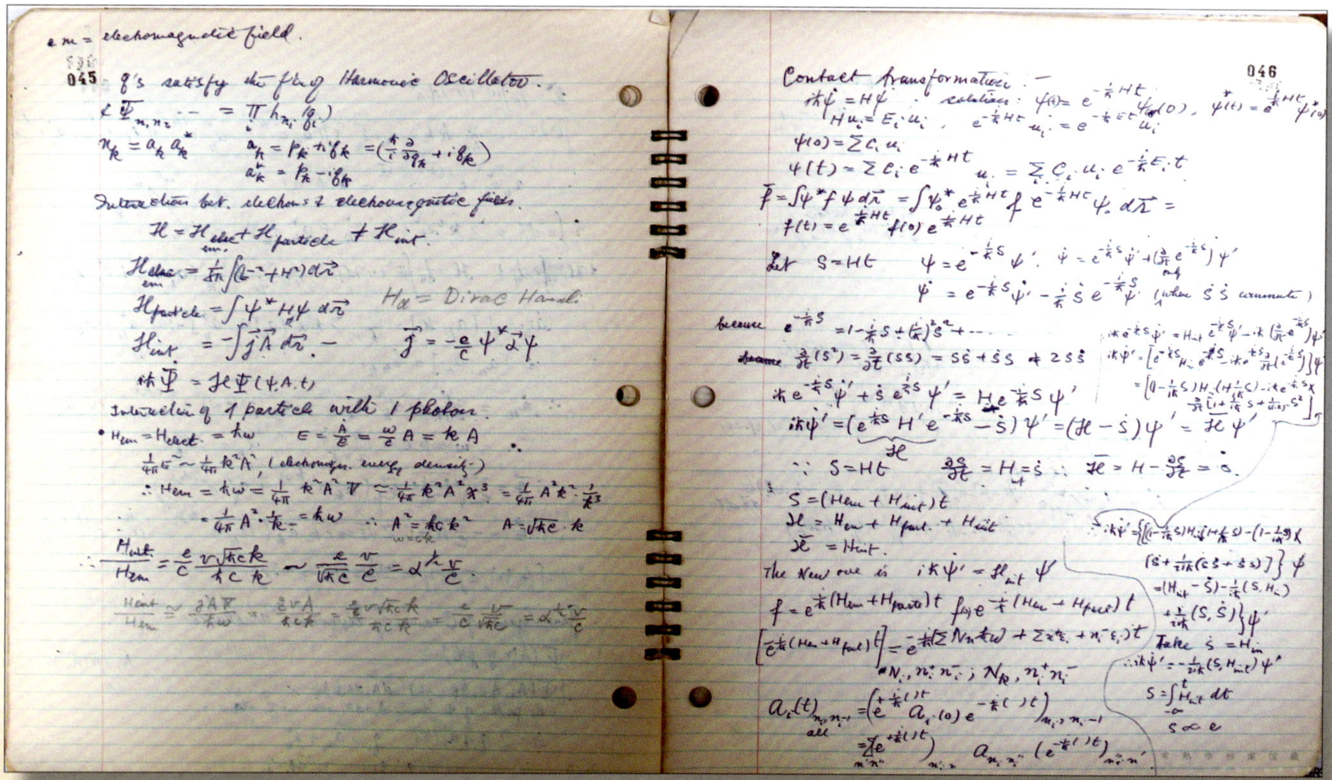

王淦昌在浙江大学任教时的讲义手稿

中国物理学会表彰王淦昌物理科研教学辛勤工作五十年的荣誉证

王淦昌（左）与学生丁大钊在苏联

广育桃李 不忘科研

1958 年，在苏联杜布纳联合原子核研究所，左起：方守贤、刘乃泉、王淦昌、王祝翔、王韫玉

王淦昌（左一）与王乃彦（右一）在用于惯性约束核聚变的氟化氪激光装置前讨论实验工作

1998 年，王淦昌（右一）与李政道（右二）、蒋心雄（左二）、陈能宽（左一）合影

第四章

响应召唤 不畏艰险

响应召唤 不畏艰险

1947 年 9 月，王淦昌被选派到美国做研究。他在伯克利大学与琼斯合作研究介子的衰变，并于《物理学评论》上发表了《关于介子的衰变》一文。

1949 年 1 月，归心似箭的王淦昌带着省吃俭用购置的实验器材从美国回到了魂牵梦绕的祖国。他以更加勤奋的工作迎来了新中国的诞生。

1950 年 4 月，王淦昌被调到近代物理研究所任研究员，后任副所长，与吴有训、赵忠尧、钱三强、彭桓武、杨承宗、何泽慧等共同着手筹划建所工作。

1953 年到 1956 年，在他与萧健领导下，我国第一个高山宇宙线实验站在云南落雪山建成，使我国宇宙线研究进入当时国际先进行列。

1951 年作为“九三学社”新成员和著名科学家，王淦昌被中国科学院指定参加新解放区的土地改革工作。土改期间，王淦昌积极与农民接触，一家一家地访问，对有困难的农民提供力所能及的帮助。这对王淦昌来说也是一次深刻的教育，使他认识了土地改革的正义性和必要性，理解了中国共产党为什么能在很短的时间内，将农民组织起来，取得革命的胜利。

1952 年 5 月，为探测美军是否投掷了放射性物质，王淦昌与吴桓兴、林传骝等赴朝鲜战场，在极其艰险的条件下，用自制探测器工作四个月，圆满完成了任务。通过这次任务，王淦昌亲眼目睹了中国人民志愿军指战员无私无畏的革命精神，体会到了翻身后中国人民的巨大力量，也受到了一次生动的爱国主义和国际主义教育。

在王淦昌、萧健领导下建立起来的云南落雪山宇宙线实验站

王淦昌（右）与萧健

响应召唤 不畏艰险

1951 年，王淦昌参加西南土地改革工作团时的团员证

1951 年，川北行署仪陇县翻身农民在土改胜利完成后送给王淦昌的刺绣丝帕

1952 年，王淦昌在朝鲜前线的军装照

1952 年，王淦昌（右）与吴桓兴在朝鲜战场上留影

全国政协赠给王淦昌的抗美援朝纪念章

第五章

为国争光 重大发现

为国争光 重大发现

1956 年秋王淦昌开始了在苏联杜布纳联合原子核研究所的工作，他深感责任重大，一方面要尽快做出成果为祖国、为社会主义争先；另一方面要利用这个时机和优越的条件为祖国培养出新一代核物理学家。于是我国一些学者和青年物理学工作者相继到达杜布纳。

1959 年 1 月王淦昌被选为副所长。同年 3 月 9 日，王淦昌小组在扫描所得的四万张气泡室底片中，发现了一个反西格马负超子产生和衰变的事例。苏联 1960 年出版的《自然》杂志指出：“实验上发现反西格马负超子是在微观世界的体系上消灭了一个空白点。”这个发现领先了欧洲中心两年，为中国、为社会主义阵营争得了荣誉。这也是杜布纳联合原子核研究所 10 GeV 加速器上唯一具有国际影响的成果。

1982 年 10 月，王淦昌等因发现反西格马负超子获我国自然科学奖一等奖，这是当时我国物理学家所获得的最高自然科学奖，王淦昌和他的同事是当之无愧的。

王淦昌在杜布纳的四年里，与苏联同行为共同探索科学奥妙结下了深厚的友谊。1989 年 8 月，王淦昌应邀赴苏联杜布纳等地访问，故地重游、老友相见，勾起了王淦昌对三十多年前辉煌岁月的美好回忆。

王淦昌（右）与杜布纳联合原子核研究所所长布洛欣采夫（中）等在一起

为国争光 重大发现

王淦昌（左）与杜布纳联合原子核研究所所长（右）会见罗马尼亚科学院院长（中）

1956年，王淦昌（前右一）与中苏专家在一起。前左一：赵忠尧；前左三：胡宁；前左四：周光召

王淦昌（前右一）与小组成员在会议上

为国争光 重大发现

1958 年，中国科学家代表团参观苏联杜布纳联合原子核研究所。图为王淦昌（右三）在实验室向代表团讲解，右四为中科院副院长吴有训（王淦昌就读清华时的老师）

王淦昌（右）与苏联同事在实验室讨论工作

王淦昌（前左二）在实验室向竺可桢团长（前左三）做介绍

为国争光 重大发现

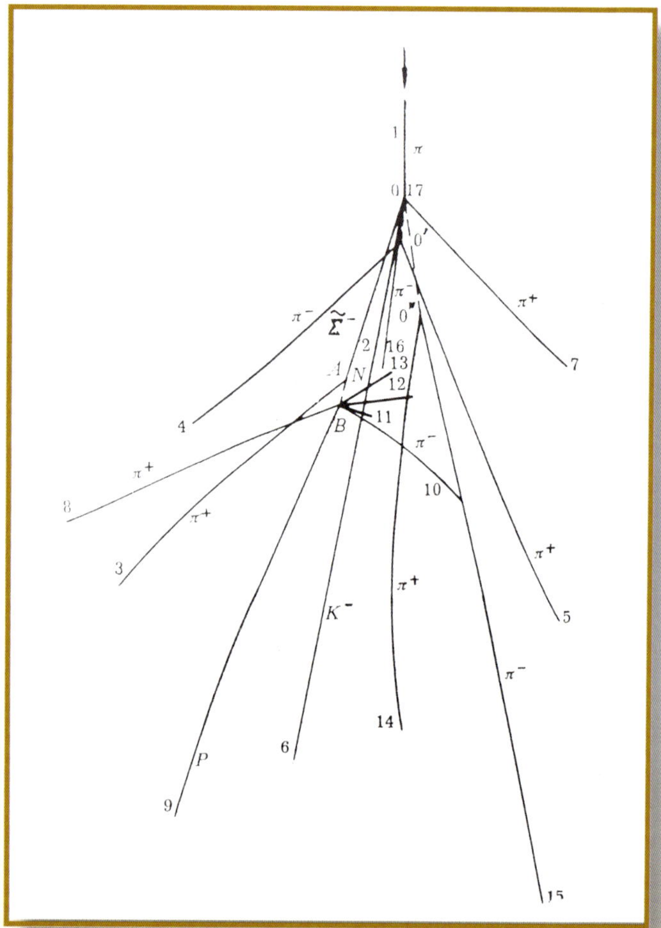

王淦昌发现的反西格马负超子产生与衰变的事例示意图

反西格马负超子产生与衰变的事例照片

1960 年，王淦昌（前排左四）在苏联杜布纳联合原子核研究所与他领导的研究组各国成员留影，前排左二为陈玲燕，左三为王祝翔，右一为丁大钊

为国争光 重大发现

証書

100005

为表彰在自然科学方面取得突出成果、作出重要贡献者，特颁发此証书，以资鼓励。

项目名称：反西格马负超子（$\bar{\Sigma}^-$）的发现

主要作者：王淦昌、丁大钊、王祝翔等（中国科学院原子能研究所，第二机械工业部与中国科学院双重领导）

奖励等级：一等

奖章号码：00008

中华人民共和国

国家科学技术委员会主任 方毅

一九八二年七月

王淦昌等获得的国家自然科学奖一等奖证书

1989 年，王淦昌重访苏联杜布纳时给研究所人员讲课

为国争光 重大发现

王淦昌（中）参观实验室

王淦昌（中）与杜布纳联合原子核研究所原所长布洛欣采夫(左)等在一起

王淦昌在会议上凝神听讲

第六章

隐姓埋名 研制两弹

隐姓埋名 研制两弹

1961年，王淦昌受命参与核武器的研制工作。王淦昌毫不犹豫放下手中课题，表示“愿以身许国”。由于核武器研制任务的高度机密性，王淦昌化名王京，断绝了一切的海外联系，在物理学界“消失”了17年。

作为“冷试验”委员会主任，王淦昌一直在“十七号工地”主持爆轰试验第一线工作。在王淦昌的领导下，“十七号工地”不仅在爆轰实验、炸药工艺研究和新型炸药研究及光学测试、电子学测试研究等方面取得了令人欢喜鼓舞的成果，而且为我国第一颗原子弹爆炸成功，做了初步组织准备和技术准备。

后来，王淦昌随大部队转移至位于青海湖东面海晏县的核武器研制基地，那里自然条件十分恶劣。王淦昌是青海草原上最年长的科学家，在这样艰苦的条件下，与大家一起生活，一起工作，毫不特殊。

在我国第一颗原子弹爆炸成功后，我国的氢弹研制工作也紧锣密鼓地展开了。在氢弹突破工作中，从热核材料的部件研制、产品设计、爆轰试验，一直到物理测试，王淦昌都一一过问，层层把关。他常常深入第一线，亲自解决问题，从研究室、车间到试验现场、试验基地，到处奔波。1967年6月17日，我国第一颗氢弹爆炸成功。

1969至1976年，王淦昌又参与了我国第一次到第三次地下核试验的工作。

作为我国原子弹、氢弹原理突破及核武器研制的试验研究和组织领导，核武器研制的主要奠基人之一，王淦昌是当之无愧的两弹功勋。

1967 年，王淦昌（左一）与郭永怀（左三）和邓稼先（右二）在新疆核试验场

隐姓埋名 研制两弹

爆轰试验场的纪念浮雕，左五雕刻的人物为王淦昌

隐姓埋名 研制两弹

王淦昌八十寿辰时朱光亚、程开甲、钱绍钧、吕敏等赠送给他的我国第一颗原子弹爆炸现场的照片

王淦昌接受核武器研制任务，化名王京，图为王淦昌使用化名王京的笔记本

王淦昌随核武器研究机构“二机部九院”迁到四川工作时装运资料使用的木箱，上写着“北京王京（10）”等字样

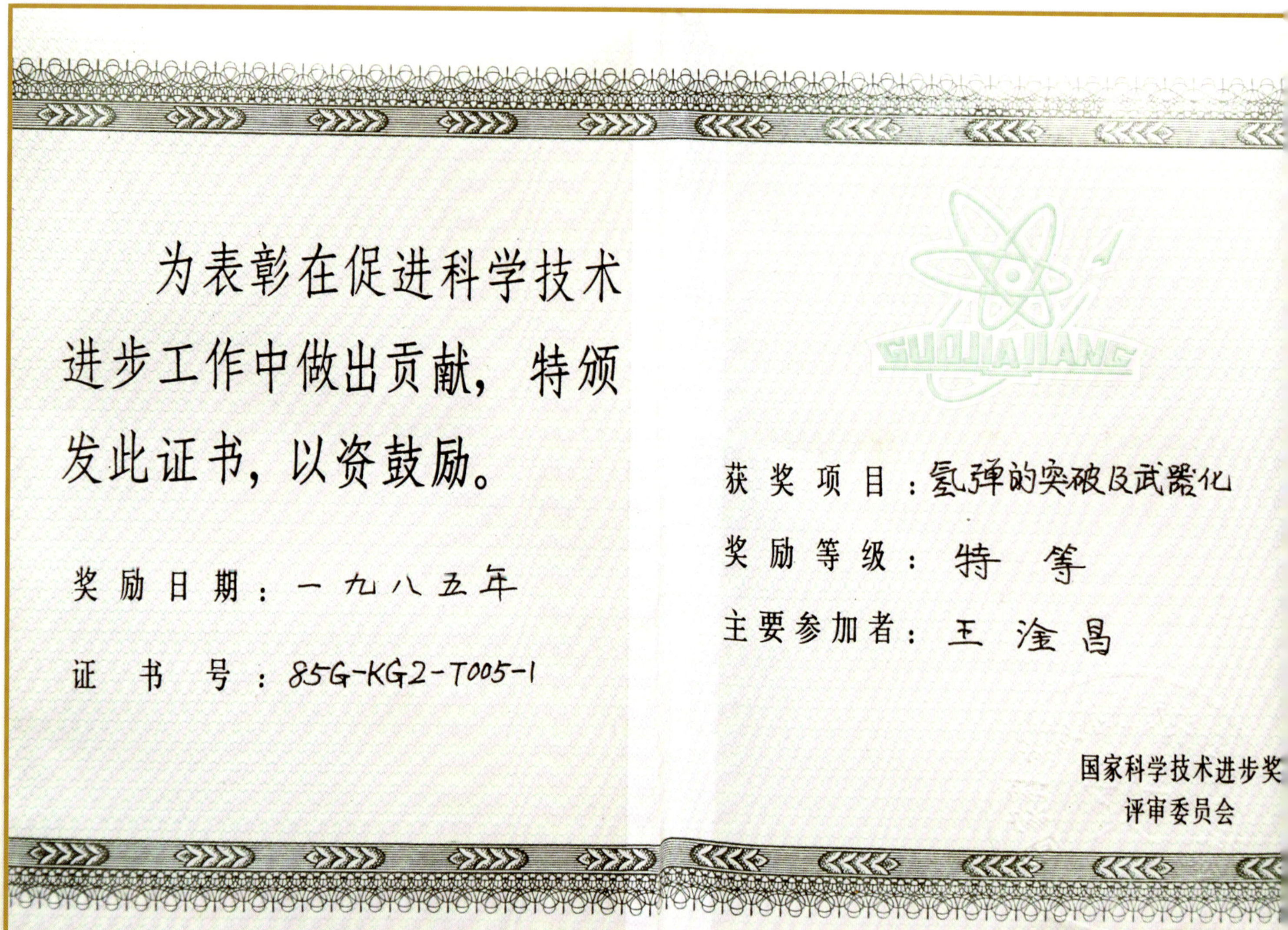

王淦昌参加的“氢弹的突破及武器化”研究项目获国家科学技术进步奖特等奖的证书

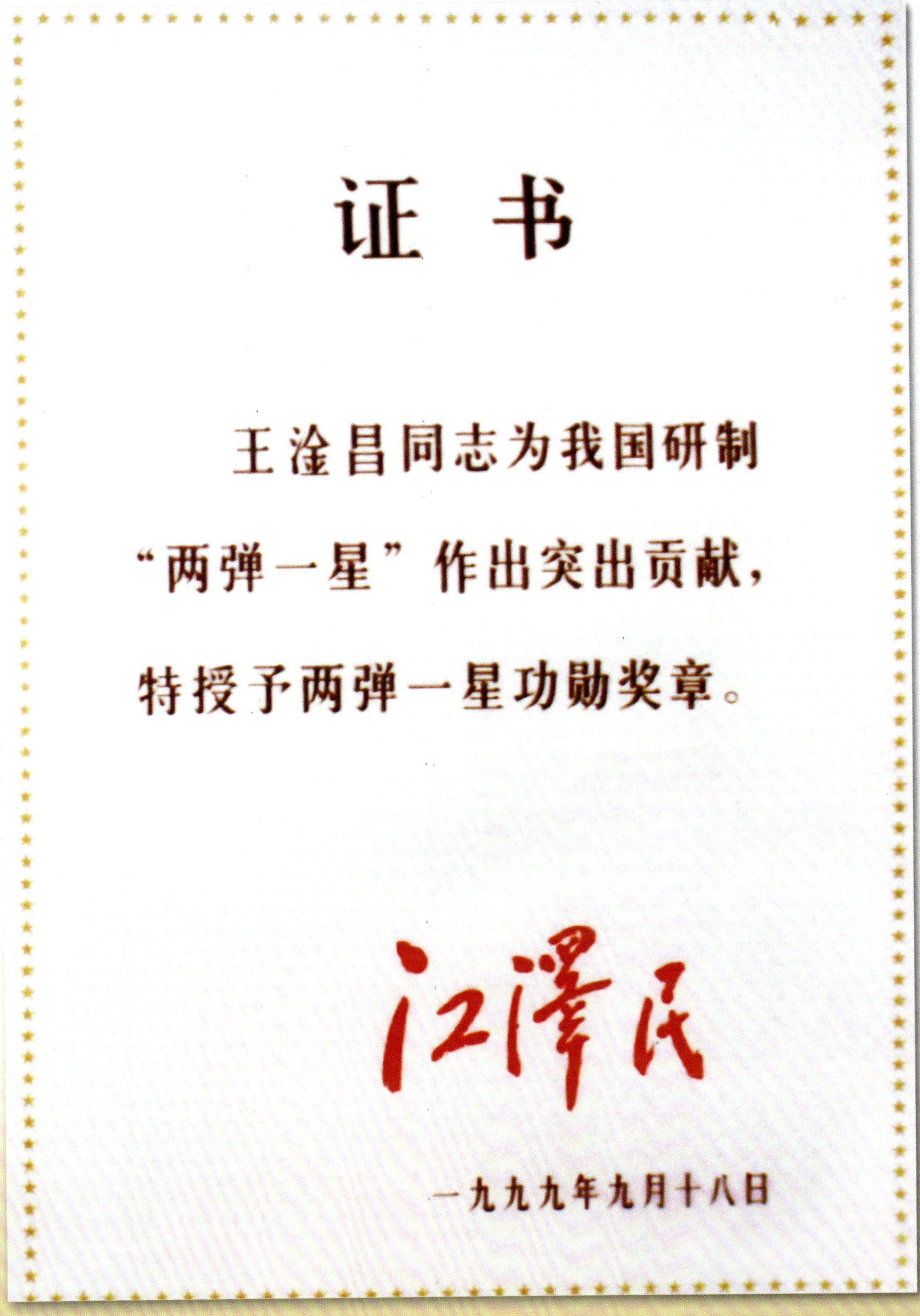

证书

王淦昌同志为我国研制“两弹一星”作出突出贡献，特授予两弹一星功勋奖章。

江泽民

一九九九年九月十八日

王淦昌被授予“两弹一星功勋奖章”的证书

第七章

力推核电 心系聚变

力推核电 心系聚变

王淦昌十分重视核能的开发利用，他是最早在我国介绍核电站的科学家，并以极大的热忱推动我国的核电建设，为我国核电事业迈出艰难的第一步起了重要作用。

1979 年，美国三哩岛核电站事故后，国内反核电呼声四起，王淦昌主动去中南海讲课，撰文宣传，消除恐核思想。在核电站建设上，王淦昌始终坚持自力更生为主，引进设备为辅的原则，当有人认为搞核电站只要从国外引进时，王淦昌坚持己见："现代化是不能从国外买来的。"

秦山核电站建设期间，他多次到施工现场检查工作，并提出："必须保证质量，必须保证安全。"

王淦昌还关注着能解决人类未来能源问题的可控核聚变。1964 年，王淦昌和苏联巴索夫院士同时独立地提出了用激光打靶实现核聚变的设想。这也是他最为满意的科研工作。

1984 年，王淦昌在原子能研究院领导开辟了氟化氪（KrF）准分子激光惯性约束核聚变研究的新领域。

1987 年 6 月，激光核聚变的实验装置——"神光"激光装置通过国家鉴定。王淦昌参加了鉴定会。

作为惯性约束核聚变的创始人与奠基者，王淦昌为我国在该领域的科学研究做出了重大贡献。

“核确有一定的危害性，但完全可以控制，火与电，不也能偶尔造成伤亡事故吗？可是，人类正是从使用火开始进入了文明时代。电，照亮了现代工业的各个角落。和使用火与电一样，只要使用得当，控制得好，核能是有益无害的。”

——王淦昌

力推核电 心系聚变

1979年，王淦昌（前排左三）率核能学会代表团访问美国，前排左四为诺贝尔奖获得者G.Seaborg教授

王淦昌（右）考察美国核电站

1984 年 3 月，王淦昌（着灰色西装者）在日本参观考察

力推核电 心系聚变

1984 年 3 月，王淦昌在日本原子工业讨论会第 17 届年会上发言

王淦昌（左二）在秦山核电站了解设备安装情况

王淦昌(左一)、
姜圣阶(右二)
在秦山核电站

力推核电 心系聚变

王淦昌（右）、姜圣阶（左二）在秦山核电站

1989 年，王淦昌第三次考察秦山核电站

王淦昌（左三）参观大亚湾核电站

力推核电 心系聚变

王淦昌（右二）在用于惯性约束核聚变的氟化氪激光装置前指导工作

王淦昌（右）指导惯性约束核聚变的实验工作

1984 年，王淦昌（前排左一）参加北京电子正负对撞机奠基典礼

力推核电 心系聚变

1990 年，王淦昌（右二）在原子能院实验工厂检查百焦耳级电子束泵浦氟化氪准分子激光加速器的设备制造情况

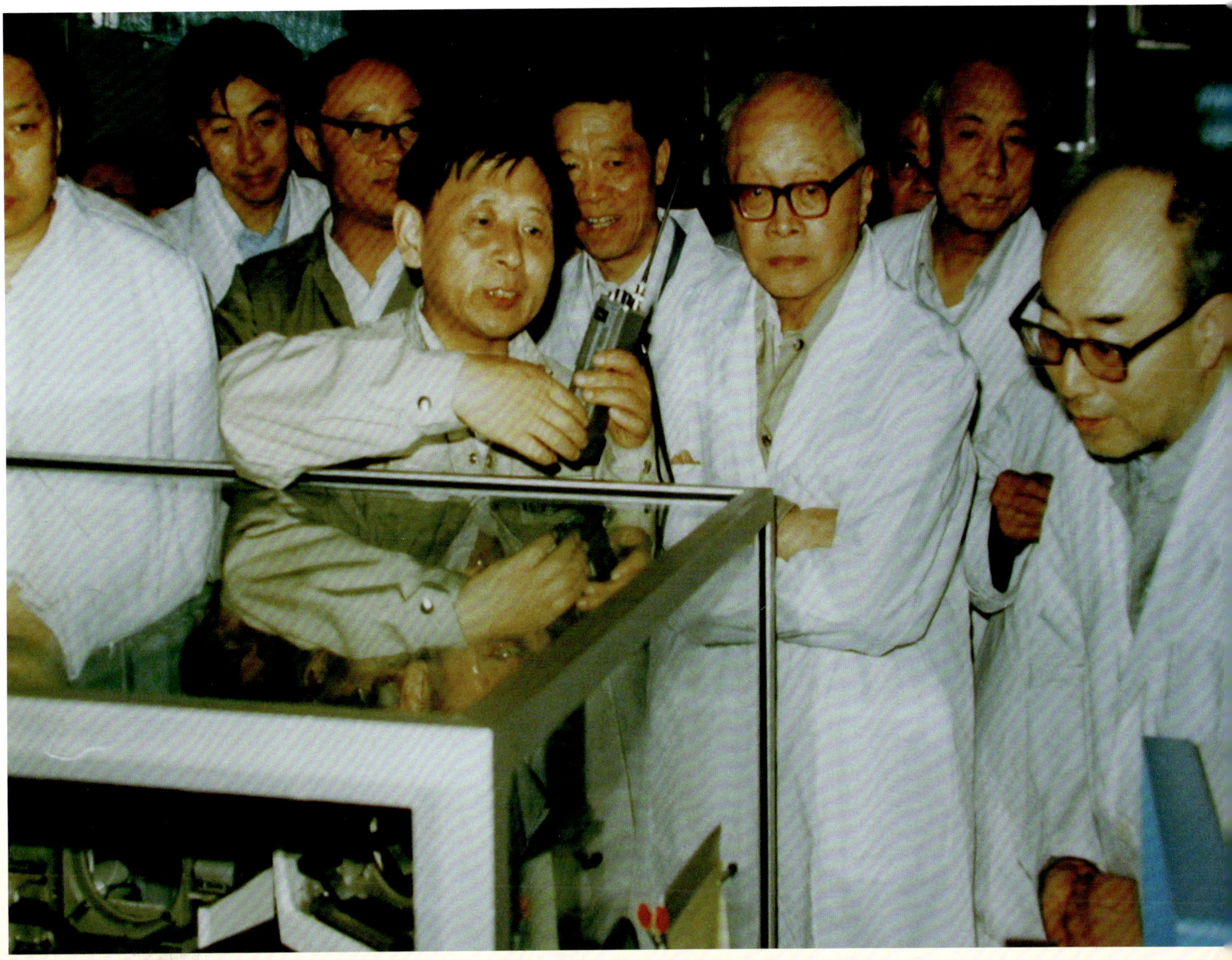

1991年，王淦昌（前右二）在上海嘉定激光所与工程院院士范滇元（前右三）、中科院院士于敏（前右一）等讨论神光装置

力推核电 心系聚变

程开甲（右三）、吕敏（右一）陪同王淦昌（右二）参观实验室

1993 年，王淦昌（前排左四）与“863”计划惯性约束核聚变主题专家组成员合影

力推核电 心系聚变

1995 年，王淦昌（前排左三）在 L 波段高亮度注入器鉴定会上

1995 年，王淦昌因激光约束核聚变等五方面的重大贡献获首届何梁何利基金优秀奖

1997 年，在香港做《惯性约束核聚变》演讲

力推核电 心系聚变

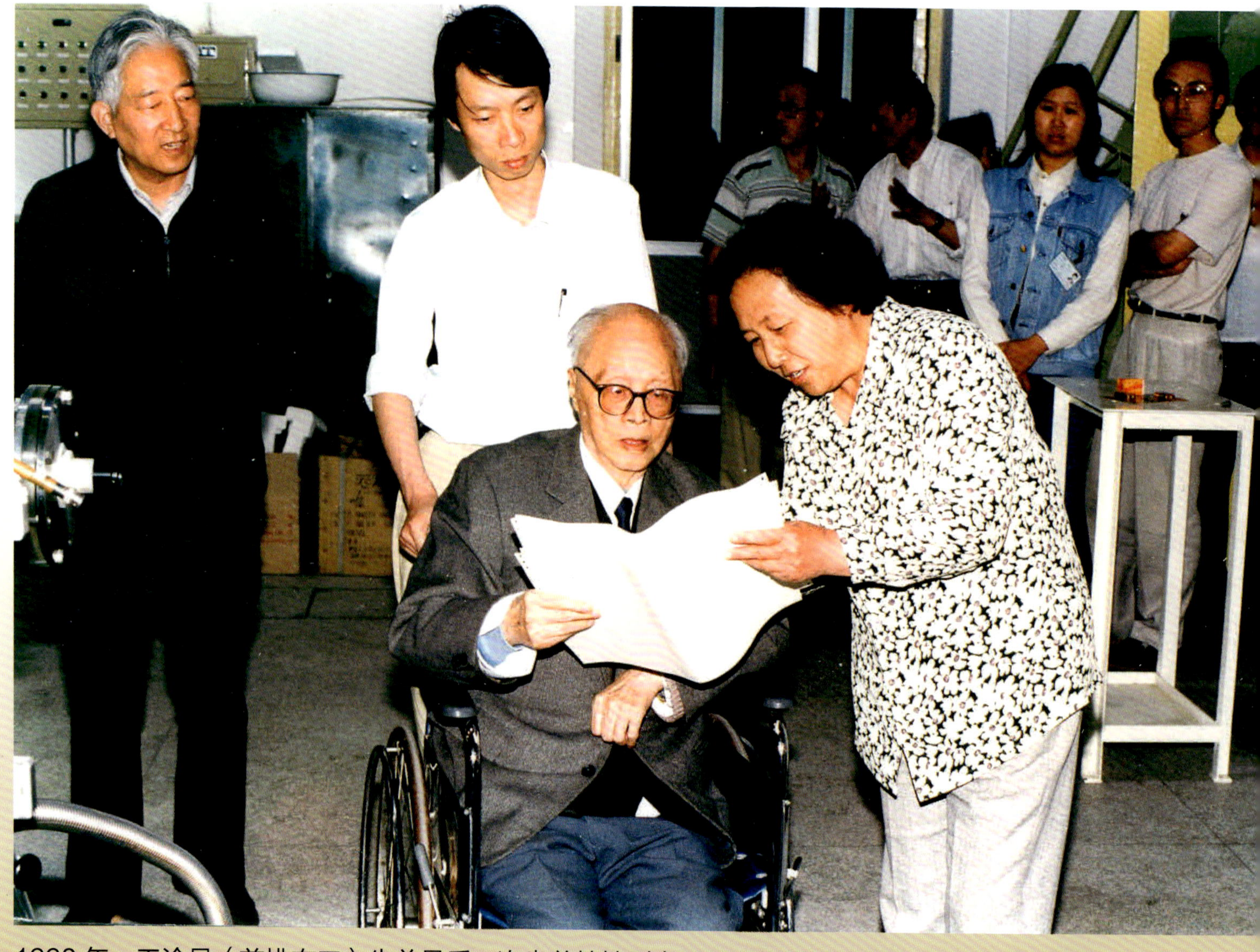

1998 年，王淦昌（前排右二）生前最后一次坐着轮椅到中国原子能科学研究院实验室听取汇报

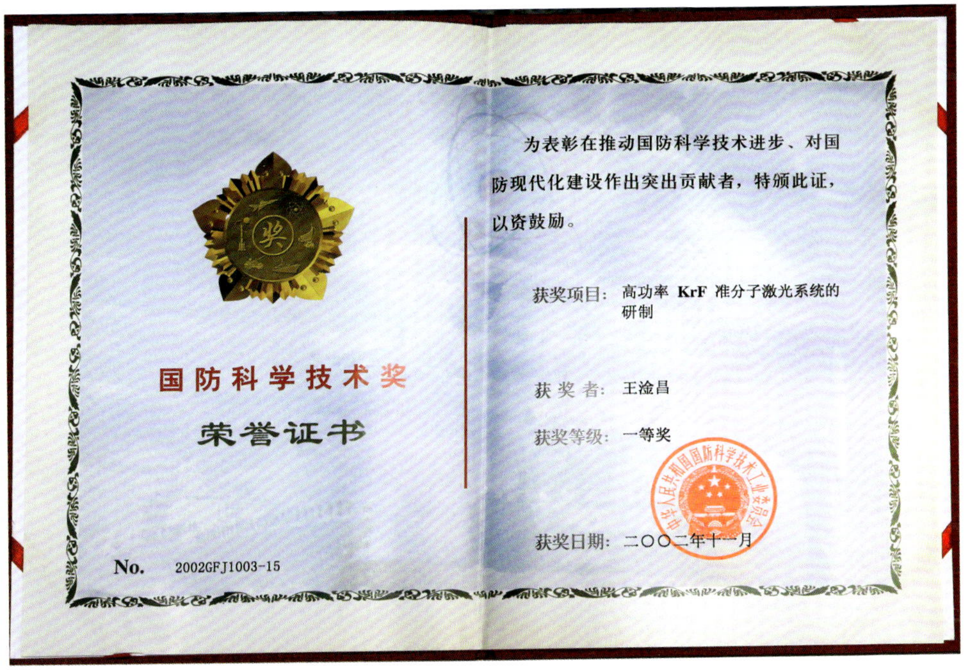

2002 年，王淦昌生前主导的“高功率 KrF 准分子激光系统的研制”项目获国防科学技术奖一等奖

王淦昌著作《惯性约束核聚变》

第八章

筹建学会 献策建言

筹建学会 献策建言

1979 年，王淦昌倡议，成立一个由核科学技术工作者组成的学术性群众组织，以推动我国核科学技术和核工业的发展，并适应国际核科学技术交流的需要。他亲自担任中国核学会（起初称核能学会）筹备委员会主任。

1980 年 2 月，中国核学会第一次代表大会在北京召开。王淦昌代表核学会筹委会在大会致开幕词。这次大会，选举产生了 145 名理事，王淦昌当选为中国核学会第一届理事长。

1983 年在中国核学会的提议和推动下，由中国科协、国家科委、国防科工委、核工业部联合主办，中国核学会具体承办的“全国原子核科学技术应用展览会”在北京军事博物馆展出。王淦昌指出中国核学会应大力开拓民间学术交流渠道，加强国际学术交流与合作。他多次率团出国访问，并邀请国外专家来华访问考察，探讨合作的途径和方法。

1984 年举行的中国核学会第二次大会上，王淦昌被推举为名誉理事长。

1986 年 3 月，王淦昌以一个科学家敏锐的洞察力和高度的历史责任感，与王大珩、陈芳允、杨嘉墀一起，向中央领导人提出了对发展我国高技术有重要意义的建议。在邓小平同志的高度重视下，直接促成了著名的“863”计划的制定和实施，为我国高技术发展开创了新局面。

中国核能学会筹备委员会第一次全体会议代表合影，前排右八为王淦昌

筹建学会 献策建言

王淦昌在中国核学会第一次代表大会上致开幕词

1980 年 2 月，中国核学会第一次代表大会常务理事合影，前排右四为王淦昌

筹建学会 献策建言

1982年秋，中国核学会第一次编辑工作会议代表合影。中排右起依次为：杨钧涛、张沛霖、王淦昌、江涛、戴传曾、汪德熙

《核科学与工程》编委会于秦山宾馆合影，前排右五为王淦昌

筹建学会 献策建言

1983年10月20日，王淦昌（中）与张震寰（右）参观原子核科学技术应用展览会

1984 年，中国核学会第二次代表大会上王淦昌（前排右五）被选为核学会名誉理事长

筹建学会 献策建言

1985 年，第六届太平洋沿岸区域核能会议（PBNC-6）筹备委员会会议在桂林召开，图为代表合影。第一排赵仁凯（左三）、史维尼、王淦昌、史蒂文森、姜圣阶、汪志馨、汪德熙、杜坦布尔（右二）、吕广义（右一）

1987年9月7日，王淦昌出席第六届太平洋沿岸区域核能会议

1995年，北京国际同位素会议在香山饭店举行。图为王淦昌（左二）与国际原子能机构副总干事Wallen（右二）在开幕式上交流

筹建学会 献策建言

1989 年 9 月 28 日，王淦昌（前排左四）等著名科学家会见中青年科技工作者

王淦昌在青年座谈会上讲话

筹建学会 献策建言

1994 年 8 月，《核科学与工程》三届三次编委会在威海市召开，前排左五为王淦昌

提出“863”计划的四位科学家。右起：王淦昌、杨嘉墀、王大珩、陈芳允

筹建学会 献策建言

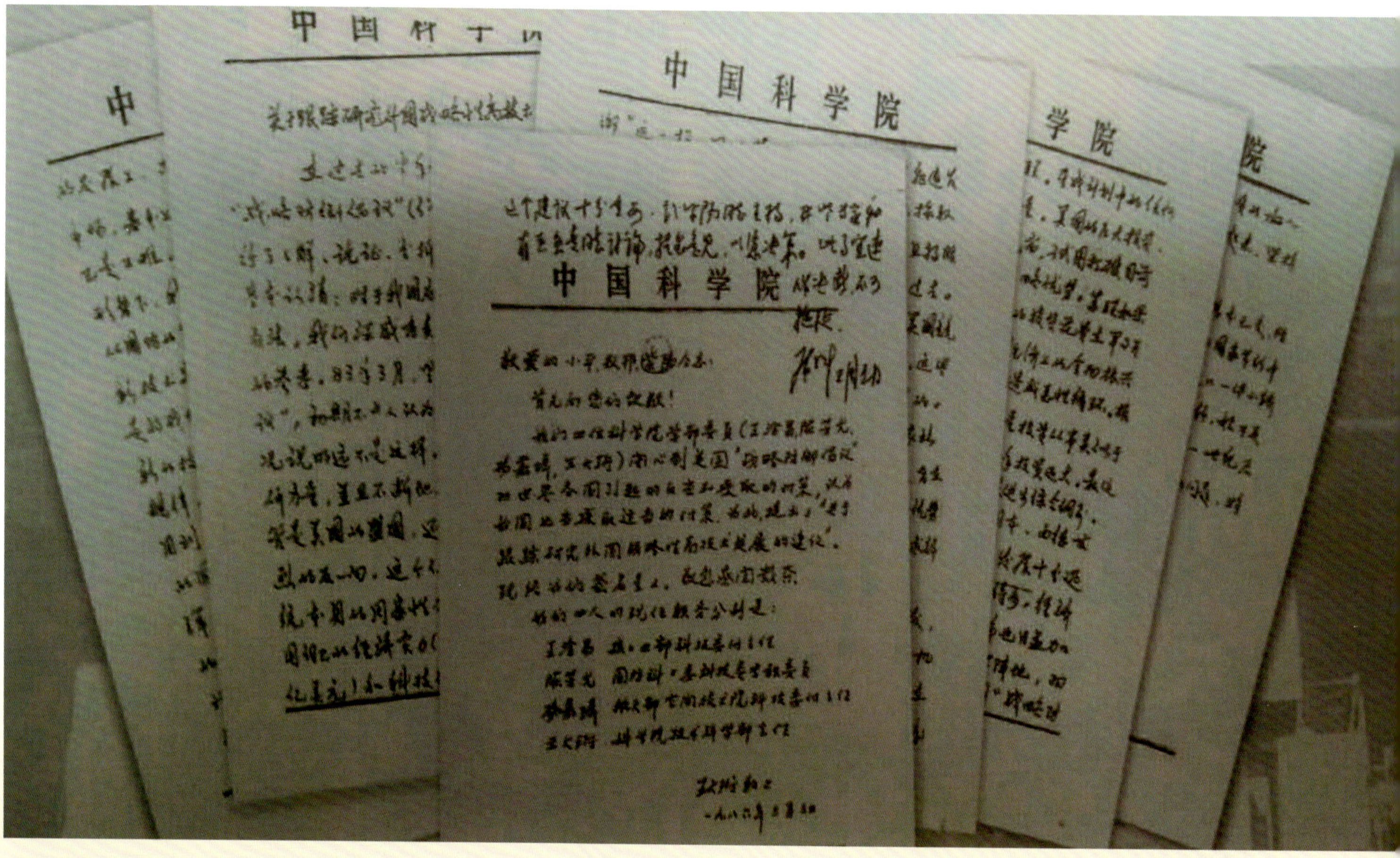

1986年3月，王淦昌与王大珩、陈芳允、杨嘉墀联名向中央领导人提出“关于跟踪研究外国战略性高技术发展的建议”（根据此建议，国家批准制定了《高技术研究发展计划纲要》，简称“863”计划）。图为建议和邓小平批示原稿的复印件

1991 年，王淦昌（前排右一）参观“863”计划五周年成果展

1991 年，王淦昌（左一）参观“863”计划成果展览

第九章

功勋之家 后世典范

功勋之家 后世典范

王淦昌作为一位科学家，为追求真理执著探索，奋斗终生，为青年人树立了榜样。他淡泊名利，生活艰苦朴素，但每到国家最需要的时刻总是倾其所有，他高尚的人格风范堪称一代楷模。王淦昌的优秀品质深深感染、教育了他的子女，他们都有一颗热爱祖国的心，各自在科研教育战线上尽心尽职地为祖国、为人民服务。

王淦昌为祖国奋斗的功勋里，也有他夫人吴月琴的默默奉献。这位出生于董浜的有着常熟女性优秀传统的妈妈，在家庭里勤勤恳恳，带着子女过着俭朴的生活。早在二十世纪三十年代，她就将原有的一点积蓄和结婚时的首饰拿出来捐给抗日前线。几十年来，她默默地把自己的一生奉献给了全家，儿女们常对王淦昌说："爸爸，你不要忘了，你科学上的所有成就，也有妈妈的一份功劳！"

王淦昌逝世后，他的子女们共同向周培源基金会捐款 50 万元建立"王淦昌物理奖"，用以奖励在惯性约束核聚变和粒子物理领域有突出贡献的研究人员。

2000 年，王淦昌家属向家乡常熟市支塘中学捐资 10 万元，设立王淦昌奖学金。

1944 年，王淦昌全家摄于贵州湄潭。前左起：小女儿王遵明、小儿子王德基；中左起：吴月琴、王淦昌；后左起：大儿子王懋基、二女儿王韫明、大女儿王慧明

王淦昌与夫人吴月琴在一起

功勋之家 后世典范

王淦昌（前排中间）与家人合影

王淦昌（后排中间）与家人在一起

王淦昌（左）与重孙和重孙女在一起

王淦昌家客厅陈设

功勋之家 后世典范

王淦昌在图书馆查阅资料

1995 年，王淦昌题写“学习是享受”

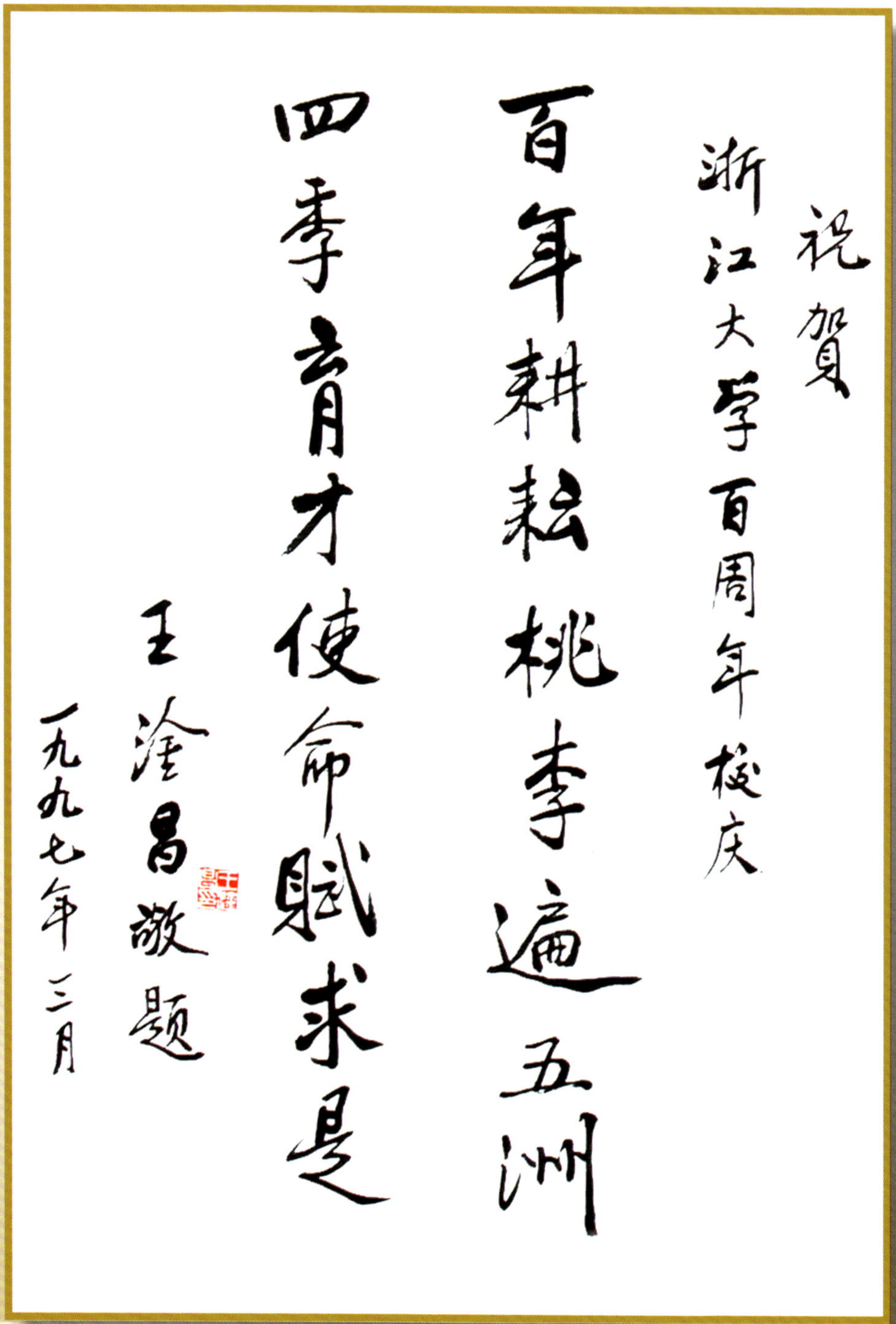

王淦昌为浙江大学百年校庆题词

王淦昌（左）与于敏

1991 年，王淦昌（右）与任之恭

王淦昌（左）与钱三强

王淦昌（左）、汪德熙（中）在钱塘江

1987 年 5 月 28 日，朱光亚向王淦昌（右）祝贺八十寿辰

1988 年 8 月，王淦昌（右）在山东烟台蓬莱阁疗养时与严济慈（中）、周培源（左）在海边沙滩上留影

1992年，王淦昌（被搀扶者）回到家乡常熟市支塘镇枫塘湾看望乡亲们

1997年4月，王淦昌（前排左二）回到浙江大学做报告，受到全场师生的热烈欢迎

王淦昌（右）与杨振宁在一起

功勋之家 后世典范

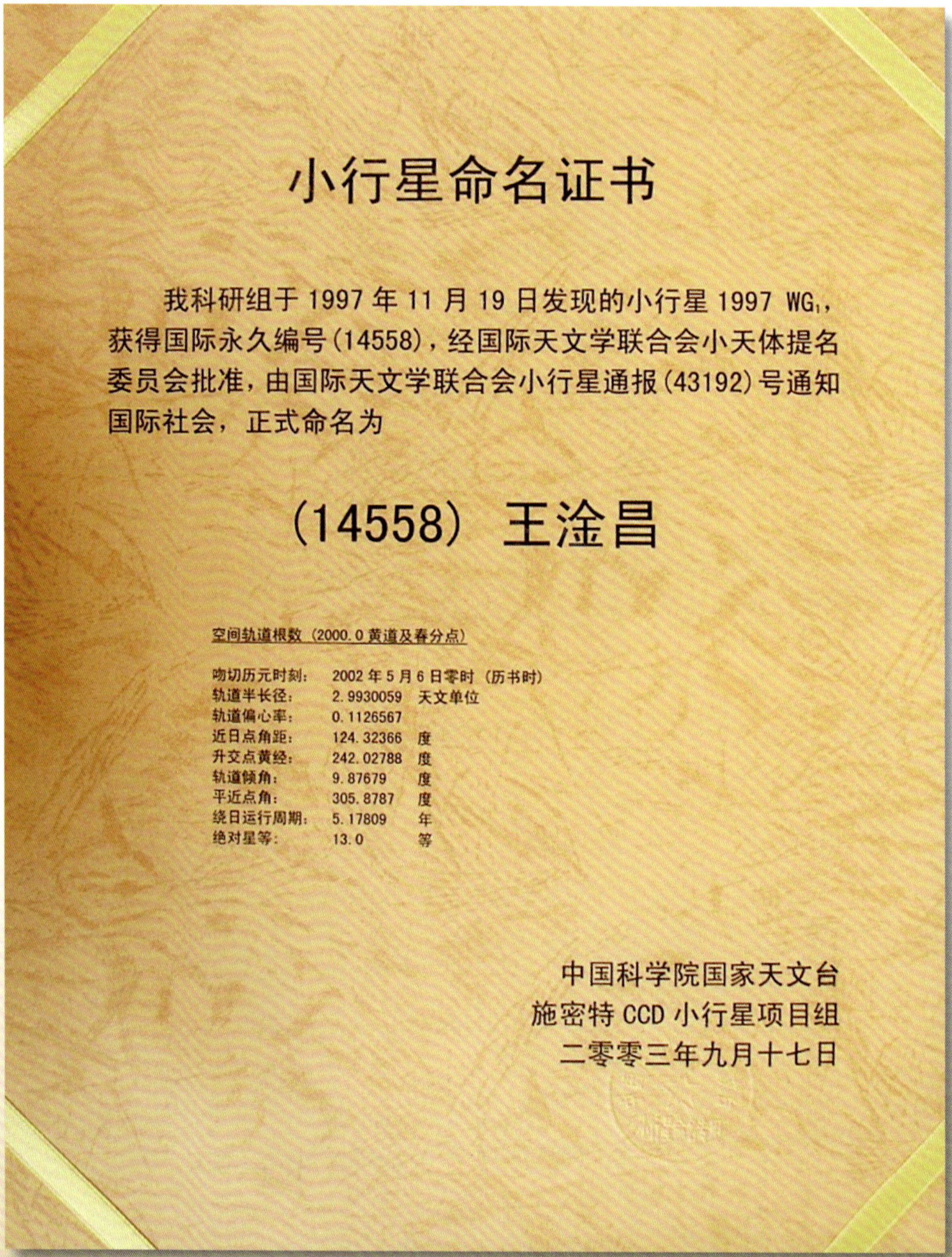

小行星命名证书

我科研组于 1997 年 11 月 19 日发现的小行星 1997 WG_1，获得国际永久编号（14558），经国际天文学联合会小天体提名委员会批准，由国际天文学联合会小行星通报（43192）号通知国际社会，正式命名为

（14558） 王淦昌

空间轨道根数（2000.0 黄道及春分点）

吻切历元时刻：	2002 年 5 月 6 日零时（历书时）	
轨道半长径：	2.9930059	天文单位
轨道偏心率：	0.1126567	
近日点角距：	124.32366	度
升交点黄经：	242.02788	度
轨道倾角：	9.87679	度
平近点角：	305.8787	度
绕日运行周期：	5.17809	年
绝对星等：	13.0	等

中国科学院国家天文台
施密特 CCD 小行星项目组
二零零三年九月十七日

2003 年 9 月 17 日，经国际有关机构批准，将中科院国家天文台 CCD 施密特小行星项目组授予 1997 年 11 月 19 日发现的国际编号 14668 号小行星命名为“王淦昌星”，图为“王淦昌星”证书

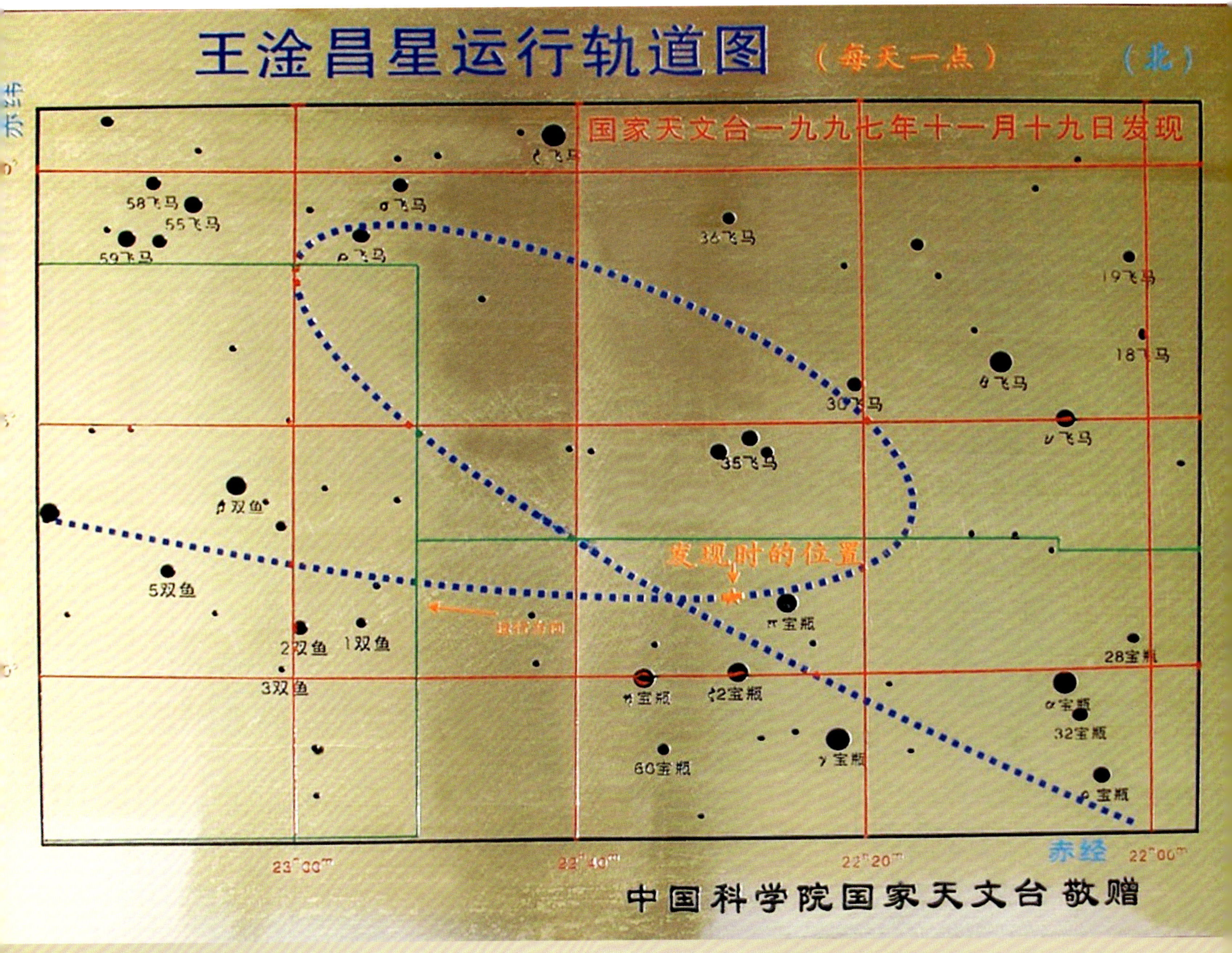
王淦昌星运行轨道图
（每天一点）
（北）
国家天文台一九九七年十一月十九日发现
赤纬
58飞马
55飞马
59飞马
σ飞马
ρ飞马
36飞马
19飞马
18飞马
θ飞马
30飞马
ν飞马
35飞马
5双鱼
2双鱼
1双鱼
3双鱼
发现时的位置
π宝瓶
28宝瓶
ζ2宝瓶
α宝瓶
32宝瓶
60宝瓶
γ宝瓶
ρ宝瓶
赤经
中国科学院国家天文台敬赠

“王淦昌星”运行轨道图

九三学社中央委员会向位于中国原子能科学院内的王淦昌铜像敬献花篮

2007年5月28日，中国核工业集团公司在人民大会堂举行“王淦昌院士诞辰百年学术思想座谈会”

2007 年 5 月 19 日，中国核工业集团公司，中国原子能科学研究院，中国工程物理研究院，中国科学院，中国工程院，中国科协，中共常熟市委、市人民政府，中国核学会等单位在江苏常熟举办“纪念王淦昌诞辰 100 周年座谈会”

2002 年 5 月 28 日，常熟市举行王淦昌中学揭牌仪式（支塘中学更名为王淦昌中学）暨纪念王淦昌诞辰 95 周年

年谱

1907 年

王淦昌出生于江苏省常熟县支塘镇枫塘湾

1911 年

父亲王以仁去世

1913 年

入私塾读书

1915 年

入江苏太仓县沙溪小学读书

1920 年

母亲病逝。由外祖母做主，娶吴月琴为妻。考入上海浦东中学

1925 年

考入清华大学

1929 年

成为清华大学首届物理系毕业生，毕业后担任助教

1930 年

考取江苏省官费留学生，赴德国于柏林大学威廉皇家研究所师从迈特纳教授

1934 年

回国，由叶企孙推荐到山东大学物理系任教

1936 年

应浙江大学校长竺可桢邀请，赴浙江大学物理系任教

1937 年

在日军于金山卫登陆后，随校西迁，先后迁至浙江建德，江西吉安、泰和，广西宜山，

贵州遵义，最终于 1941 年迁至湄潭

1941 年

自贵州遵义寄出《关于探测中微子的一个建议》一文，美国《物理学评论》于次年 1 月发表

1946 年

随浙江大学迁回杭州复课

1947 年

作为访问学者赴美国加州大学伯克利分校物理系。与琼斯合作研究介子的衰变

1949 年

回国，并带回在美国使用的云室

1950 年

经钱三强、何泽慧夫妇邀请，到北京中国科学院近代物理研究所任研究员，参加建所工作

1951 年

到四川参加土地改革工作

1952 年

任近代物理所副所长。与吴恒兴、林传骝赴朝鲜战场，探测美军是否投掷了放射性物质，为期 4 个月

1954 年

领导在云南落雪山海拔 3180 多米处建设了我国第一个高山宇宙线实验站

年谱

1956 年

赴莫斯科参加杜布纳联合原子核研究所成立会议，会后留在该研究所任研究员

1959 年

当选联合原子核研究所副所长。王淦昌领导的小组发现了第一个反西格马负超子产生与衰变事例

1961 年

到二机部九所任副所长，更名王京，领导并参与核武器研制

1964 年

九所改为二机部九院，任副院长。开展激光约束核聚变的初步工作

1969 年

参加准备我国第一次地下核试验的技术指导工作

1971 年

随九院迁往四川

1978 年

国务院任命王淦昌为二机部副部长兼任原子能所所长。王淦昌从四川回到北京

1979 年

率核能学会代表团赴美国、加拿大考察。加入中国共产党

1980 年

中国核学会成立，当选为第一届理事长

1986 年

为发展我国科学技术，与王大珩、陈芳允、杨嘉墀一起，向中央领导人建议，在邓小平亲自

批示和支持下，形成了发展我国高科技的“863”计划

1995 年

获首届何梁何利基金优秀奖

1998 年

12 月 10 日因病在北京逝世

后 记

几十年来，几代核工业人艰苦创业、开拓创新，推动我国核工业从无到有、从小到大，取得了世人瞩目的成就，为国家安全和经济建设作出了突出贡献。在几代核工业人之中，核科学家无疑是其中最引人注目的群体之一。

2019 年，中共中央办公厅国务院办公厅印发《关于进一步弘扬科学家精神加强作风和学风建设的意见》，指出要引导广大科技工作者在践行社会主义核心价值观中走在前列，争做重大科研成果的创造者、建设科技强国的奉献者、崇高思想品格的践行者、良好社会风尚的引领者。为了响应号召，进一步弘扬科学家精神，我们组织编写《中国核学会科学家画册》系列丛书，通过讲述核科学家的故事，更生动地诠释科学家精神，感受他们心底的那份对祖国的爱、对家人温暖和对事业的执着。

在本书的编写过程中，王淦昌院士的女儿王遵明女士提供了丰富详实的资料和许多宝贵的信息，常熟市档案馆和中国原子能科学研究院提供了大量珍贵图片。在此，向王遵明女士、常熟市档案馆、中国原子能科学研究院表示感谢。此外，在本书编写过程中，还得到了其他一些机构和个人的帮助，在此一并致谢。